IRIDESCENCE

FSC
www.fsc.org
MIXTE
Papier issu
de sources
responsables
Paper from
responsible sources
FSC® C105338

Clotilde Kayser

Iridescence

Poésie

Crédits
© 2024 Clotilde Kayser
Édition : BoD • Books on Demand GmbH, In de Tarpen 42,
22848 Norderstedt (Allemagne)
Impression : Libri Plureos GmbH, Friedensallee 273,
22763 Hamburg (Allemagne)
ISBN : 978-2-3225-4150-8
Dépôt légal : Octobre 2024
© Léa Dujardin pour l'illustration de couverture

Sommaire

Pour moi, pour vous

Inspiré par Eugène Guillevic

Vivre c'est pour apprendre
À accepter que
Nous ne sommes rien.

Et que malgré le monde
Rien ne peut entraver la force de notre âme
Qui disparaîtra.
Alors fais, on t'oubliera.

Iridescence

Une infinité de coquilles
Perdues dans un amas gigantesque
De particules microscopiques.

Pour te trouver, il faut creuser,
Avoir de la chance et faire preuve
De bonne volonté.

Tu griffes les doigts curieux
Qui tentent de t'attraper.

Mais une fois déterré,
Une fois la douleur endurée
Ou un stratagème trouvé,
Tu respires la docilité.

Et là, avec précaution,
Il faut te manipuler.

Au creux de tes remparts
Les couleurs apparaissent
Arc-en-ciel mouvant
Qui choisit selon son humeur
Quelle facette il veut dévoiler.

Je te cacherai dans ma poche
Pour préserver ton trésor,
Ta nacre iridescente.

ROUGE

J'ai le corps troué.
Plein de cratères,
Aussi cabossé que la Lune.

Ça coule, ça glisse le long de ma gorge,
de mes mains, de mon cœur.
Ma couverture liquide me tient chaud.
Mais laisse des traces indélébiles,
Des boursouflures sur ma peau.

J'ai laissé des marques sur la nature autour de moi.
J'ai éclaboussé le monde,
Victime collatérale de ma douleur.

Alors j'ai commencé à nettoyer
Une à une
Les feuilles innocentes
Du rouge
Qui avait quitté mon corps.

PROTANOPIE

Déficience de la perception de la couleur rouge

Les larmes sont une pluie qui arrose la peau.
Incolore, elle se dépose sur nous,
Elle clapote sur les vêtements, se perd dans le cou.

Grise sur grise,
Elle se mêle aux autres couleurs,
Se glisse dans les pores,
Disparaissant de la rétine.
Si discrète, elle se fait oublier.

Souvent, il pleut à l'intérieur.
Phénomène curieux mais incontesté.
Qui aurait la décence de lever les yeux
Pour constater que la majorité
Des gouttes qui nous tombent sur la tête
Ne sont pas des larmes,
Mais le sang de tous ceux que l'on a tués ?

ORANGE

Dans ma contrée aride,
Brûlante comme du plomb en plein soleil,
Où les hivers étaient doux
Comme le sucre des fraises,
Un nouveau décor s'était installé
Sur les collines et champs de vignes.

Assombri par la grisaille nuageuse,
Le ciel marine déversait ses larmes gelées
Sur le bitume encore tiède.
Mon sud orange s'était paré de blanc.

Crapahuter dans une couche immaculée,
Laisser mon nez couler,
La fraîcheur naturelle, se blottir dans
Les couches duveteuses des vêtements,
Avoir la liberté de courir,
Sans la canicule comme trouble-fête.

Je voulais me jeter dans ce doux rêve,
Respirer la pureté de l'air pour oublier
La chaleur écrasante de mon été perpétuel.

INTERLUDE I

Chaud

J'ai l(')arme à l'œil
Quoi que tu veuilles
Obus dans ton cœur

Jaune

Mes souvenirs ont jauni, pris une teinte sépia
Qui n'aurait pas dû apparaître.
Les moments d'hier sont contaminés par
La teinture de l'oubli.
Ma si courte existence me paraît si lointaine.
Comme si je n'avais jamais été celle qui sourit,
Comme si je n'avais jamais été celle qui rit,
Comme si je n'avais jamais été.

Maintenant, je sais à quel point l'usure me hante.
Alors je vernis et polis les images de mes jours
heureux.

Tu m'y aides en remplissant mon être de photos.
J'en ai tant que j'aimerais toutes les garder.
Les tiroirs dans ma tête débordent.
Alors je chéris les plus belles pour me dire
Que celles que j'ai oubliées
Sont à peine aussi bien que celles
Que j'ai amoureusement conservées.

Vert

Derrière ma vitre de verre,
J'ai observé la nuit s'éveiller.
Quand les lucioles ont commencé à clignoter,
J'ai pu redécouvrir toutes les nuances de vert.

L'essaim s'était envolé, planant entre ciel et terre.
Ces micro-lumières de vie composaient un être fantastique
Câliné par les bras chaleureux de la déesse verte.
Certaines s'écrasèrent au sol,
Débris d'un feu d'artifice grandiose.

De l'autre côté de la paroi,
Une silhouette familière brandissait un fusil et
Appuyait sans relâche sur une silencieuse gâchette.
J'ai crié pour qu'elle laisse vivre
Ces jolies lumières.

J'aurais aimé briser la vitre et courir
Venger mes sœurs.
Mais j'ai regardé cette silhouette
Tout en contournant cette plaque de verre.

Sur le chemin,

J'ai pris un caillou solitaire et
Alors que les lumières s'étaient éteintes dans le
ciel,
J'ai fracassé son crâne,
Pour que les rares survivantes
Puissent masquer,
De leur lumière,
L'entièreté de son corps.

INTERLUDE II

Trop de bleus

Bleu azur, soleil brûlant
Sable et sel
Plongeon dans tes prunelles

Bleu

Les larmes sont inoffensives.
Celles de joie étaient mes préférées.
Mais elles ne plaisent pas à tous.
Armes de l'émotion
Signes de faiblesse
Sous les cris des éclairs, je courus me réfugier.
Mes jambes m'avaient portée
Loin, vite, loin
Vers le repaire de mes secrets
Vers le repaire de mon âme
Loin du monstre qui errait à la lumière du jour.
La chaleur me montait à la tête.
Sous mon lit d'enfant, le bleu de ma moquette s'assombrissait
L'ombre enveloppait les éclats de voix et mon cœur
Terrassé.

INDIGO

Les lettres ont remplacé les formes.
Mon cerveau
Outil plastique de l'éducation
Est une pâte à modeler
Avec laquelle je ne peux plus jouer.

Un jour, j'ai revu la mer.
J'ai essayé de compter tous ses bleus,
Gamine devant un Nymphéa.
Mes connaissances m'ont écrasée
Et je suis devenue aussi bleue qu'Elle.

Non.
J'avais derrière moi
Des sursauts d'infini
Sombres et brillants
Qui remplacèrent à leur rythme,
Les boulets de papier dans mon sac à dos.

Le bleu a été teint.
Je suis devenue indigo.

INTERLUDE III

Froid

Sous tes larmes, le vent de glace
Derrière la fenêtre
Brûle ton être.

Violet

La neige blanchit les immenses immeubles qui
encadrent le monde.
Ses fractales aiguisées ont abattu la plupart des
téméraires.
J'essaie de traverser le blizzard pour lequel
J'ai si souvent prié.
Des lèvres violettes pavent le chemin de mes
bonnes intentions.

ROSE

Le rose s'efface
Pour le reflet aqueux
Des arbres et du soleil.

Comme le goudron, au loin,
Qui fume et se liquéfie
Pour créer un miroir de notre chemin.

Tes lèvres roses s'embrassent,
Le miroir coule, pas notre avenir,
Alors que mon coeur s'embrase.

INTERLUDE IV

Pastel

Quand le pastel des pétales
S'alanguira sur ton corps
Seulement là, je te ferai mes adieux.

BEIGE

Cette parcelle beige
Au creux des vallées de ta peau
Renferme l'un des trésors les mieux gardés.
Un rideau en voile les contours,
S'en approcher ne se fait qu'à la
Tombée de la nuit
Dans le tendre secret de tes caresses et de tes
baisers.
Quand la voyageuse arrive nez à nez avec son
butin,
Seule, une fleur l'attend,
Son bulbe bien protégé sous la peau,
Sorcier créateur du philtre d'amour.

MARRON

C'est l'envie soudaine.
Dépose la nature et assieds-toi sans peine
Réprime ton envie de destruction et immortalise
l'instant.
Ressens la soie du tissu, la fluidité de tes pigments.
La faucheuse viendra bien vite teindre les pétales
de marron.
Quelques mains baladeuses et le sujet se mourant
Sur son piédestal, perd peu à peu de son péché
idéal.
La toile se fane et l'homme se blâme
C'est la nature qui vit, s'assèche et dépérit.

Coloré

Je suis partie sur mon canot,
Sans aucune connaissance dans ma caboche.
J'ai exploré le sinueux rebord du lac
Avant de m'enfoncer en son cœur.
Je l'ai coupé en une ligne claire,
Pour relier ses deux extrémités
Si lointaines. J'ai caressé la surface et
Noyé mon visage pour espérer trouver,
Entre les vaguelettes et les vies marines,
Toutes les nuances de ton teint coloré.

Interlude V

Bichromie

Si les couleurs ont succédé
À ma vie noire et blanche,
C'est parce que j'ai changé de télévision.

Gris

C'est sur un tabouret en chêne qu'il faut s'asseoir
Pour observer, en toute humilité,
L'image inversée de son être.
Une chaîne de montagne, des monts, des lacs,
Des cratères et des rougeurs.
Conseiller des grâces,
Dis-moi ce que je dois faire pour embellir mon
visage.

Le miroir est une zone infinie
Qui se prolonge vers le haut, à s'en briser la nuque,
Et sur les côtés, à se demander s'il ne fait pas le
tour du monde.
Il s'agit de l'antre de la bête,
Qui n'apparaît que lorsque les yeux fixent trop le
visage.

Ses griffes râclent le miroir,
Puis son visage gris et difforme,
Ses cheveux animés pétrifient
Avant que sa bouche ne sorte,
Fripée par l'humidité du sang.

Il approche, il approche, il approche
Et on peut attendre qu'il nous morde.
Sinon,
Il n'y a plus qu'une chose à faire :
Regarde-toi.

Noir

Dans la cacophonie des corps qui tombent,
Restent les armures rutilantes
Dont l'éclat est terni par la boue,
Dont la forme délicate est brisée
Par des impacts arrondis et profonds.

Et quand seront exposés
Ces résidus de malheurs humains
Nous aurons à jamais oublié
Le visage recouvert de suie noire
Qui se cachait derrière le métal.

BLANC

La vie est un bloc de marbre.
Pas une page blanche.
La vie te colle à la peau,
Elle ne peut pas voler à travers la pièce
Garder tous tes coups de pinceau.

Elle te cloue au sol et te surplombe.
Tu peux en faire le tour sans jamais savoir
comment la prendre,
Sans jamais pouvoir la porter vraiment.
Elle doit rétrécir, atteindre taille humaine.

Il faut s'armer d'un burin et tailler la pierre,
Lui donner une forme agréable.
Car la matière qui s'envole et devient poussière,
Poussière dans tes cheveux, poussière dans tes
souliers qui te suit jusque
dans ta chambre, dans ton lit et dans tes rêves,
Est un jour emportée pour de bon,
Si discrètement que tu croiras
Que rien n'a jamais changé.

Il ne restera que le produit fini,

Avec ses craquelures et ses coups maladroits.
Et tu la regarderas tous les jours.
Peut-être qu'elle s'effondrera,
Que tu recommenceras.
Tu n'es qu'un des innombrables Sisyphe qui se
promènent sur Terre.

Clair-obscur

Chaque parole est une joute, car
La plus petite incohérence t'outre.
Avec précaution, je tente d'approcher ta silhouette
Impénétrable et noire qui me toise, me
Regarde de haut en bas, icône sans profondeur.

Oui, j'ai essayé de baisser les armes et d'ajuster
Bien comme il faut, la clarté de ma voix pour
qu'elle
S'allie à l'obscurité de ton armure.
Car parfois, un rayon de soleil t'anime,
Une éclaircie nous relie et je sens à nouveau
Renaître, nos liens tristement fanés.

INTERLUDE VI

Paillettes

Dans la cheminée crépitent
Les cendres survivantes au bois absent
Et les braises, paillettes innombrables.

Doré

Notre histoire est un pot cassé
Que nous avons choisi ensemble.

Ses morceaux friables nous laissent des coupures
sur les doigts.
Il en manque parfois des bouts,
Échappés dans la nature,
Dont nous ne saurons jamais la forme exacte.
Nous ne pourrons que les deviner
Lorsque nous nous mettrons à reconstruire notre
pot fragile.
Ces petits morceaux nous obsèderont
Alors que de magnifiques dorment sous nos yeux.

Un jour, nous nous réveillerons,
Puis nous nous attèlerons à les assembler,
Eux qui entaillent mais qui forment
Un si joli objet.

Même si nous ne sommes pas d'accord sur
L'arrangement des pièces de ce puzzle,
Nous trouverons un moyen de le faire tenir
debout, ensemble.

Nous nous armerons de nos pinceaux,
De laque et de patience.
Nous utiliserons la matière des origines
Et attendrons qu'elle se solidifie
Pendant que les sillons sur nos doigts
Disparaîtront sans laisser de trace.

Notre histoire est un pot cassé aux angles biscornus
Que nous avons réparé ensemble.

Et quand le moment sera venu,
Nous soufflerons sur ses cicatrices croûtées,
De la poussière d'or.

Notre histoire est un pot cassé
Que nous avons magnifié ensemble.

Ambré

Statue pierreuse au milieu d'arabesques et d'orne-
ments colorés.
Tu n'es apparue que lorsque ta présence me fut
connue.
Pourtant, Dieu sait que j'admire ta légende.

Il abat son poing meurtrier sur les écailles.
Son regard est sur le serpent, baissé vers la misère.
Figé pour l'éternité, message intemporel.

La scène aurait pu être belle,
Pareille aux icônes qui combattent sur les murs de
mon foyer,
Qui flamboient sous la lumière tamisée des
bougies et des lumières de fêtes,
Ambre coulant et délicieux.

Malheureusement,
L'ange calcaire me paraît bien loin dans la pâleur
du jour.
L'entité majestueuse mais inatteignable
Se fond dans l'uniformité du ciel.

Alors que dans ma demeure,

Les ombres travaillent la richesse des sculptures et
font sourire
Son visage fier d'apporter la paix.

Je le plains, lui qui est Spectateur de l'inconnu
Car je n'ai point de regret à le quitter
Pour retrouver ses visages que je connais tant.

Argenté

Et que ferai-je une fois que
Le fruit sortira de mes entrailles,
Recouvert des eaux maternelles ?

Et que ferai-je face à
L'immensité de l'inconnu,
Fruit vierge du monde.

Et que fera cet étrange fruit
Suspendu aux branches de l'arbre,
Desséché par le soleil ?

Et que fera cet étrange fruit
Quand d'un éclat argenté, il aura
Retrouvé, éphémère, la surface du monde ?

Et que ferons-nous face au
Fruit de la souffrance éternelle
Qui prend racine dans la terre de ses ancêtres ?

Transparent

Je vivais tant en me souciant des autres
Que je pensais que personne ne se souciait de moi.
Je vivais comme je le pouvais, la tête et les épaules
baissées
Et je pensais que les regards glissaient sur moi sans
même m'effleurer.
J'étais un parapluie trop imperméable pour que la
pluie réussisse à me toucher.
Un beau jour, un bouton d'or vint me parler.

Le cœur touché je lui avouais :
« Je pensais que j'étais un fantôme. »

INTERLUDE VII

Teinture

Mon coeur blanc est devenu rose.
Alors, quand je voudrai t'oublier,
Je le teindrai en noir.

Bigarré

Entre ses côtes, le ciel bleu
Et dans ses mains, son cœur
Détaché se délite.

Il ramasse avec pudeur les pierres
Qui se détachent de sa structure de métal,
Les range dans son baluchon,
En pensant à la raison de son départ.

Il a l'immensité à la place du cœur
Et des yeux salés qui perlent sur lui.

Il chancelle sous le poids de
Son sac, rempli de ses rochers
Qui se sauvent parfois et restent
Semés dans la terre.

Un jour, son corps ne tiendra plus.
Il s'effondrera en regrettant
Sa famille, ses amis et tout ce qu'il aura manqué
Juste par peur du temps qui passe.

C'est ainsi que sont nées les ruines,
Vestiges d'une humanité passée.

NUANCE

Parfois, j'aimerais aussi bien capter les nuances
Que les radiologues lisent
La carte de nos os.

Chemin universel
Chemin instinctif
Chemin simple

Donnez-moi un mode d'emploi.
Je ne vois que de gros traits blancs
Sur un fond noir.

DÉGRADÉ

La première marche de l'escalier
Est faite de pierre,
Dont le gris dégradé
Épouse la forme des pieds.
Un peu comme deux mains recevant l'aumône
Mais prêtes à faire s'envoler les courageux
Qui osent s'y aventurer.

INTERLUDE VIII

Inconnue

Tu es l'inconnue et magnifique couleur
de l'arc-en-ciel
Comme tu étais le sentiment magnifique
et inconnu
Dans mon cœur.

PÂLE

J'ai échangé mon enfance contre la connaissance.
J'ai échangé la lumière de ma jeunesse contre
L'odeur de renfermé des livres.

Dehors,
Les couleurs ont pâli, sont devenues
Sèches et binaires sur ma fragile palette.

J'ai d'autant plus sombré dans ma misère.

C'est quand j'ai appris que les livres copiaient la
vraie vie
Que j'ai relevé le bout de mon nez pour observer
le monde.
Les nuances sont devenues plus fortes.
Les couleurs sont devenues
Librement liquides.

Elles coulaient de partout et
je ne parvenais plus à les contenir sur mon frêle
morceau de bois.
Alors je les ai laissées glisser et
s'échouer à mes pieds.

Je me suis accroupie et j'ai glissé mes mains
Dans l'incroyable texture de cette peinture.
C'est ainsi que j'ai commencé à dessiner
Les paysages de ma nouvelle vie.

SATURATION

Quand je suis rentrée, j'ai éteint la lumière.
L'impression trop froide, trop noire et trop scintillante
de la rue sur mes paupières
M'assassine.
La soupe de ce soir résonne,
Comme le bouillon de rage qui m'anime siffle à mes oreilles.
Seuls mon manteau et mon sac volent.
Le toucher du bois sur ma plante nue me serait insupportable.
La douceur griffe ma peau, la chaleur m'étouffe.

Je ne vois que des couleurs qui se battent devant mes yeux,
Saturées sur ce fond noir.

Sous l'eau, un sans-visage me parle de sa voix marine et aigüe,
aussi irritante que le sel dans un mauvais plat.

Il part. Enfin.
Malgré le noir, les couleurs me hantent.

Je tourne, elles tournent.
Plus je serre les paupières, plus elles se font puissantes.
Un peu comme ces idées noires, qui s'épaississent quand on y pense et qui restent malgré l'ignorance.

ARC-EN-CIEL

Fin

Parfois, j'espère que le monde s'effondrera.
Que les gens se déchireront,
Que les bâtiments s'écrouleront,
Que le sol tremblera :
Cris de joie de la Terre.

Que nous souffrirons tous,
Jusqu'à ce que nous comprenions que le Paradis
Sur lequel nous avons craché,
N'était pas l'Enfer que nous pensions.

J'espère que la Terre reprendra ses droits,
J'espère qu'elle nettoiera le sang,
J'espère qu'elle fera le ménage,
Le tri de tout ce qui ne lui est pas nécessaire.
Et si elle ne veut plus de moi,
Je la laisserai me ravir avec plaisir.

Mais j'espère quand même qu'un jour,
Au milieu des débris,
Le sol arrêtera de trembler.
J'espère qu'un jour le ciel gris redeviendra bleu,
Qu'un arc-en-ciel nous sourira.

Remerciements

Merci à tous mes proches qui m'ont soutenue dans ce projet. C'est grâce à vous que mon recueil a vu le jour.
Merci à Léa Dujardin pour la très jolie couverture, c'était un vrai bonheur de travailler avec elle.
Et merci à moi, celle de 2023, qui a découvert la poésie et celle du début 2024, qui a décidé de sortir de sa zone de confort pour réaliser ses rêves.
Et merci à vous, lecteurs et lectrices, de rendre mes mots vivants. J'écris pour moi, mais j'écris aussi pour vous.